RIDURRE!

211 strategie per ridurre i costi immobiliari

Wayne Fox

Copyright © 2015 di Wayne Fox. Tutti i diritti riservati. Nessuna parte di questo libro può essere riprodotta in qualsiasi forma senza il permesso scritto dell'autore. I revisori possono citare brevi passaggi nelle recensioni.

Dichiarazione di non responsabilità e dichiarazione di non responsabilità FTC

Nessuna parte di questa pubblicazione può essere riprodotta o trasmessa in qualsiasi forma o con qualsiasi mezzo, meccanico o elettronico, comprese fotocopie o registrazioni, o mediante qualsiasi sistema di archiviazione e recupero di informazioni, o trasmessa via e-mail senza il permesso scritto dell'editore.

Nonostante siano stati fatti tutti i tentativi per verificare le informazioni fornite in questa pubblicazione, l'autore non si assume alcuna responsabilità per errori, omissioni o interpretazioni contrarie dell'argomento in essa contenuto.

Questo libro è solo a scopo di intrattenimento. Le opinioni espresse appartengono esclusivamente all'autore e non devono essere considerate come istruzioni o comandi di esperti. Il lettore è responsabile delle proprie azioni.

Il rispetto di tutte le leggi e i regolamenti applicabili, comprese le licenze professionali federali, statali e locali internazionali, le pratiche commerciali, la pubblicità e tutti gli altri aspetti dell'attività commerciale negli Stati Uniti, in

Canada, nel Regno Unito o in qualsiasi altra giurisdizione è di esclusiva responsabilità del acquirente o lettore.

L'autore non si assume alcuna responsabilità di sorta per conto dell'acquirente o del lettore di questo materiale.

Qualsiasi offesa percepita nei confronti di un individuo o di un'organizzazione è puramente involontaria. A volte utilizzo link di affiliazione con il contenuto del libro. Ciò significa che effettuando un acquisto otterrò una commissione sulle vendite. Questo, tuttavia, non significa che la mia opinione sia in vendita. Tutti i link di affiliazione elencati nel libro rappresentano i servizi e i prodotti per i quali ho utilizzato personalmente e che ho trovato utili. Il lettore o l'acquirente dovrebbe fare le proprie ricerche prima di effettuare un acquisto online.

Contenuti

1. introduzione
2. PARTE 1: Immobiliare
3. PARTE 2: Mantenere la tua proprietà
4. PARTE 3: Energia
5. Conclusione
6. Circa l'autore

introduzione

Il settore immobiliare può costituire una parte significativa dei costi sostenuti da un'azienda. Molti proprietari di piccole imprese sono troppo occupati per iniziare a imparare come ridurre i costi, quindi abbiamo compilato una guida semplice e di facile lettura che elenca alcune strategie fondamentali per ridurre i costi immobiliari e rendere una piccola impresa più redditizia.

Questo eBook si concentra principalmente sui locali di piccole imprese, ma gli stessi principi possono essere copiati per tutti i tipi di immobili, dalla casa di famiglia ai grandi impianti di produzione delle dimensioni di una piccola città.

Per facilitare la lettura il libro è diviso in 3 parti:
- Parte 1 - Patrimonio immobiliare: la struttura principale dell'edificio e tutto ciò ad essa associato
- Parte 2 - Manutenzione dei locali – Il processo di mantenimento dell'efficienza dei sistemi
- Parte 3 - Energia – Il processo di riduzione del costo dell'energia per l'azienda

Questo eBook è scritto principalmente dal punto di vista della strategia a lungo termine, mentre alcune strategie hanno un profitto immediato, altre strategie hanno un profitto a lungo termine con alcuni investimenti necessari in anticipo. Si consiglia di calcolare il rimborso di qualsiasi strategia trattata nel libro, per verificarne l'idoneità alle proprie circostanze.

PARTE 1: Immobiliare

Dato che siamo tutti persone impegnate, entriamo subito e andiamo avanti, iniziando con la nostra sezione immobiliare. Ciò coprirà tutto ciò che riguarda la struttura dell'edificio principale.

1. **Ottieni l'offerta migliore fin dall'inizio.**
   Quando cerchi un immobile, negozia un accordo adatto alla tua attività. La maggior parte dei contratti di locazione sono

predisposti a beneficio del proprietario. Vedremo altri modi per farlo più tardi.

2. **Ottimizzare gli orari di apertura in base ai livelli commerciali.**

   Se la tua attività è aperta alle 9 del mattino, ma ottieni solo un paio di clienti per le prime due ore, ti costa di più pagare il personale e i costi di gestione rispetto al profitto che ottieni da quelle vendite? Se è necessaria la presenza di vendita, è possibile ridurre in qualche modo il fabbisogno di risorse per far fronte alla riduzione del traffico?

3. **Utilizzare schemi di turni doppi/tripli per l'edificio.**

   La maggior parte degli edifici viene utilizzata solo dalle otto alle dieci ore al giorno. Quali altri utilizzi potresti trovare per il tuo spazio al di fuori degli orari di apertura principali? Un esempio potrebbe essere un edificio per uffici. Cambiando l'occupazione dell'edificio in un sistema a doppio turno, la forza lavoro dalle 8:00 alle 18:00 torna a casa alle 18:00 e una nuova forza lavoro composta da personale lavora tra le 19:00 e le 7:00.

Questo personale diurno potrebbe essere il personale a contatto con il cliente, mentre il personale del turno di notte potrebbe essere il personale che svolge attività quali buste paga e contabilità, che non devono necessariamente essere a contatto con il cliente. Ciò non solo riduce il numero di posti a sedere per l'azienda, ma aumenta anche la redditività. Per un'azienda che lavora otto ore al giorno, questo potrebbe essere ulteriormente ottimizzato prevedendo tre schemi di turni. Cosa potrebbe fare la tua azienda con il suo spazio fuori orario?

4. **Considera la sede della tua attività.**
    Se la tua attività non ha bisogno di essere nel centro principale della città, può essere

molto più economico, in termini di costi di acquisto, affitto e tasse governative, acquistare un edificio a poche strade di distanza o, più radicalmente, alla periferia di città.

5. **Posiziona la tua attività dove sono i tuoi clienti.**
Considerando l'affluenza dell'azienda, posizionare la tua sede al centro rispetto a dove si trovano i tuoi clienti potrebbe non ridurre i costi iniziali della proprietà, ma ridurrà i costi di spreco per il personale che non è pienamente efficiente poiché non ha abbastanza clienti per tenerlo occupato.

6. **Ottieni il giusto tipo di proprietà.**
Hai davvero bisogno di uno spazio commerciale o potresti lavorare da un edificio adibito a uffici? Lo spazio

commerciale è in genere lo spazio più costoso da affittare o acquistare e spesso comporta il costo più elevato sia per l'affitto che per le tasse governative.

Il magazzino per metro quadrato è il tipo di proprietà meno costoso. Comprendere e ottimizzare il modo in cui opera la tua azienda potrebbe ridurre significativamente i costi.
Comprendere il futuro del tuo settore e avviare la tua attività in questo modo ti farà risparmiare denaro anche a lungo termine.

Ad esempio, se hai un'attività di vendita al dettaglio, puoi prevedere il futuro di come le persone faranno acquisti?

Alcuni esperti sostengono che in futuro si farà sempre più shopping online. Se questo è il caso, spostare gran parte delle operazioni nello spazio di magazzino e ridurre lo spazio di vendita al dettaglio sarebbe una mossa saggia in termini di riduzione dei costi e posizionamento dell'azienda per le tendenze future del settore.

7. **Ridurre i tempi di viaggio del personale.**
Se la tua azienda prevede che il personale visiti i clienti lontano dalla tua sede, considera il costo del tempo di viaggio dalla tua sede al cliente. Se i tuoi locali sono in periferia, ma i tuoi clienti sono in centro, li pagherai, magari mezz'ora di viaggio a tratta ogni volta che fanno quel tragitto. Si tratta di un'ora di produttività sprecata per ogni visita a un cliente.

8. **Ridurre le spese di viaggio del personale.**

    Come per il tempo di viaggio del personale, se stai pagando le spese di viaggio per visitare i clienti, potrebbe diventare molto costoso per la tua azienda pagare carburante, veicoli, biglietti ferroviari, ecc.

9. **Mappa dove sono i tuoi clienti.**

    Prendendo una grande mappa geografica dell'area e tracciando dove si trovano i tuoi clienti, puoi creare una mappa termica di dove si trova il tuo pubblico più numeroso e basare i tuoi locali vicino a quello. Se scopri che i tuoi clienti sono distribuiti tra tre sedi principali, potresti trovare più economico avere tre locali separati più piccoli anziché un edificio centrale.

Considera i costi totali in questa valutazione, poiché a volte i locali di piccole dimensioni comportano tasse governative ridotte o pari a zero, mentre avere tre sedi separate può costare di più nella loro gestione.

10. Prendi in considerazione l'hot desking.

L'hot desking esiste dal 2009 circa. Invece di dare a un membro del personale uno spazio di lavoro permanente, gli dai l'accesso temporaneo a uno spazio di lavoro con tutti i servizi di cui ha bisogno mentre è in sede. Questo funziona bene per posizioni come i venditori che trascorrono molto tempo lontano dall'ufficio.

Esistono anche molti diversi fornitori di spazi per uffici che forniscono spazi per hot-desking, quindi invece di affittare uno spazio ufficio completo, puoi semplicemente pagare a ore. Questo può essere utile soprattutto se tu o il tuo personale lavorate a una certa distanza dal vostro ufficio e non volete pagarli per recarsi presso la vostra sede.

Il concetto può essere copiato per la maggior parte dei settori in cui non è richiesto uno spazio permanente.

11. Adottare una politica di lavoro a distanza.
Il lavoro a distanza viene utilizzato da molte grandi aziende. Invece di pagare per lo spazio per ospitare il personale, lavorano in remoto da casa o dai loro veicoli, alcuni incorporando un elemento di hot-desking negli edifici di altre persone. L'adozione del lavoro a distanza può ridurre significativamente la necessità di spazio.

12. Utilizza lo spazio condiviso.

Un esempio più comune è l'affitto di uno spazio all'interno di un business center. Lo stesso modello, tuttavia, può essere copiato nella maggior parte dei settori.

Ad esempio, se sei un rivenditore, puoi condividere lo spazio con altri rivenditori, magari anche con marchi più grandi nelle vie principali. Il tuo obiettivo è vendere il tuo prodotto/servizio al cliente, non affittare o possedere un edificio; questo è un settore completamente diverso.

13. Calcolare il rapporto di equilibrio tra spazio condiviso e spazio dedicato.

Comprendendo qual è il punto di rottura tra l'acquisto di uno spazio condiviso e l'acquisto del tuo spazio dedicato, sai quando è il momento più efficiente per cercare la tua sede.

Ad esempio, effettuando una rapida ricerca per entrambi i tipi di proprietà, abbiamo trovato uno spazio business center affittato a $ 300/mn per posto. Nella ricerca di uno spazio ufficio in affitto, abbiamo trovato una proprietà di 1100 piedi quadrati che poteva ospitare da 11 a 15 posti. L'affitto era di 1.900 dollari al mese, comprese tutte le tasse governative. Entrambi gli edifici avevano utenze aggiuntive, quindi non abbiamo considerato questi costi in questo esempio. Analizzando questi numeri, possiamo vedere che il punto di rottura è di circa 7 posti.

Ovviamente bisogna valutare anche il costo di allestimento di un edificio; I business center di solito sono già attrezzati e comprendono scrivanie, IT e prese di corrente. Tutti questi costi di allestimento dovrebbero essere presi in considerazione nella tua equazione, sebbene possano essere distribuiti su un lungo periodo di tempo.

14. Negoziare un periodo di affitto a lungo termine.

Accettare un periodo di locazione a lungo termine può aiutare a ridurre il costo mensile dell'affitto poiché i proprietari spesso preferiscono avere la garanzia di un inquilino a lungo termine in quanto riduce il costo della commercializzazione dei locali liberi.

15. Cerca incentivi quando negozi un contratto di affitto.

Questo vale sia per gli spazi in affitto che per quelli condivisi. Il proprietario sarà spesso disposto a offrire incentivi come periodi di affitto gratuiti o servizi a valore aggiunto come sale riunioni gratuite se si affitta in un edificio con spazi condivisi. A volte, quando i locali vengono costruiti in gran numero, il proprietario li costruisce senza avere in mente un inquilino, quindi parlare con i proprietari di nuovi sviluppi, soprattutto durante la fase di costruzione, può portare a condizioni favorevoli.

Potrebbero anche essere in grado di presentare i potenziali clienti. Dopotutto, è nel loro interesse che la tua attività abbia successo. Vale la pena porre la domanda.

16. Avere le migliori misure di sicurezza.
Anche se può sembrare un costo per l'azienda, non averlo potrebbe comportare un costo significativo per l'azienda in seguito, il che potrebbe anche significare il completo fallimento dell'azienda.

17. Non occupare più spazio del necessario.
Ciò ridurrà l'affitto, le tariffe, la manutenzione, il riscaldamento e il raffreddamento. Incontro così tanti imprenditori che occupano molto più spazio del necessario e finiscono per utilizzare lo

spazio in eccesso per l'archiviazione. Se hai bisogno di spazio di archiviazione, sono disponibili opzioni molto più economiche.

18. **Subaffittare lo spazio in eccesso.**
Previo accordo con il proprietario, perché non collaborare con altri imprenditori e subaffittare loro lo spazio? Se si tratta di un'attività complementare, potrebbe anche aggiungere valore a entrambe le attività lavorando insieme in questo modo.

19. **Guarda altri usi per il tuo spazio.**
Valutare come opera la tua azienda e quali sono le abitudini di acquisto dei suoi clienti potrebbe liberare spazio da utilizzare in modo più efficace.
Ad esempio, un bar potrebbe scoprire che il 75% delle sue vendite sono da asporto, riducendo così lo spazio a sedere richiesto; potrebbe utilizzare quello spazio per qualsiasi cosa, dal subaffitto di uffici per

riunioni di lavoro all'avvio di un'attività di panificazione gratuita. Non importa per cosa utilizzi lo spazio extra (soggetto a licenza), ma tieni a mente questa strategia per i tuoi locali.

20. **Non pagare l'affitto più del necessario.**
Un consulente professionale ti consiglierà sugli affitti attuali del mercato e su dove una proprietà è troppo cara. Aiuteranno anche a negoziare eventuali incentivi.

21. **Non pagare il prezzo a cui sono venduti i locali.**
Solo perché i locali vengono venduti a 10.000 dollari al mese non significa che l'agente o il proprietario si aspettano di guadagnare 10.000 dollari al mese.
Come per ogni cosa nella vita e negli affari, la negoziazione è fondamentale e iniziare dal basso con le offerte può solo avvantaggiarti. Il peggio che può succedere

è che rifiuteranno l'offerta e tu dovrai farne una più alta.

22. Non utilizzare un avvocato per fare offerte informali in sede.

Invece di chiedere a un avvocato di redigere vari documenti legali in cui figurano offerte informali per acquisti di capitale o locazioni, è sufficiente utilizzare il telefono e l'e-mail fino a quando non saranno stati concordati una cifra e i termini di base. Quindi chiedi all'agente del proprietario di inviare i documenti per la firma. In questo modo pagherai solo per il controllo dei documenti invece di scriverli da zero.

23. Acquistare i locali anziché affittarli.

In alcuni casi, valutare il costo del mutuo rispetto al costo del leasing può aiutare a ridurre le spese mensili per l'azienda nei locali in locazione. In tal modo, assicurati ovviamente che l'attività non superi i limiti dei locali troppo rapidamente e che la proprietà costituisca un buon investimento in termini di potenziale di rivendita in seguito.

Chiedi al tuo commercialista di esaminare i numeri, inclusi eventuali incentivi fiscali sia per le opzioni di proprietà che per quelle di noleggio.

24. Rilasciare capitale in una proprietà di proprietà utilizzando un processo di vendita e locazione.

Molte banche e istituti finanziari offrono ai proprietari di immobili commerciali un modo per liberare il valore del proprio patrimonio vendendolo alla banca e poi affittandolo a condizioni fisse.

Come per la strategia 23, parlane con il tuo commercialista per valutare le implicazioni sull'azienda, poiché una grande plusvalenza ottenuta sul settore immobiliare potrebbe portare a un costo fiscale molto elevato, il che significa che l'opzione è meno praticabile.

25. Se acquisti un immobile, considera l'acquisto all'asta.

Acquistare all'asta può rappresentare una buona opportunità per fare affari in locali commerciali. Molti grandi portafogli commerciali sono di proprietà di trust immobiliari, compagnie assicurative e fondi comuni di investimento, che quindi vendono gran parte del loro portafoglio in una volta sola. Ciò significa che rappresenta una buona opportunità per chi cerca locali commerciali.

Prima di fare offerte all'asta su qualsiasi proprietà, è consigliabile chiedere assistenza a consulenti esperti e assicurarsi anche di avere il capitale disponibile per completare l'acquisto entro pochi giorni dalla caduta del martello.

In molte giurisdizioni ti verrà richiesto di pagare un deposito abbastanza elevato il giorno dell'asta e il mancato pagamento entro i tempi concordati ti porterà a incorrere in multe molto salate.

26. Converti un edificio in base alle tue esigenze.

Convertendo un edificio esistente, cambiandone la destinazione d'uso (previo consenso) potrebbe darti un'incredibile opportunità di risparmiare denaro sia sui costi di locazione che sui costi di acquisto. Ad esempio, la conversione di una parte di uno spazio di magazzino in uno spazio per uffici consentirebbe di risparmiare una somma significativa sull'affitto rispetto all'alternativa di trasferire lo spazio ufficio equivalente altrove.

Ovviamente dovrai considerare le restrizioni di zonizzazione, poiché le autorità di pianificazione o di concessione delle licenze probabilmente non sarebbero d'accordo nel convertire un intero magazzino in un ufficio, anche se probabilmente sarebbero d'accordo nel convertire una parte dei locali.

27. Comprendere l'agenda del proprietario.
Vogliono reddito adesso o sicurezza in futuro? Strutturare il contratto di locazione attorno a tale agenda.

28. Prendi in considerazione una partnership congiunta con il proprietario.

Se il settore immobiliare è un fattore importante per il successo e la crescita della tua attività (i supermercati sono un ottimo esempio), valuta la possibilità di chiedere al proprietario di accettare una quota dei profitti/capitale dell'azienda in cambio di una notevole riduzione dell'affitto.

Il proprietario dovrebbe avere una natura intraprendente per accettare questo, ma ci sono alcuni importanti proprietari immobiliari che strutturano questo tipo di accordo.

29. Verifica che il valore imponibile della tua attività sia corretto.

Le tasse sui locali commerciali sono, in alcune giurisdizioni, calcolate in base al valore dell'immobile. Questo valore può essere contestato. Utilizzare un esperto per sfidare questo problema può aiutarti a ottenere un risultato.

30. **Richiedi l'esenzione per le piccole imprese sia per le tariffe dell'acqua che per quelle aziendali.**

Le organizzazioni con status di beneficenza possono normalmente ottenere un'esenzione completa o parziale e anche alcune piccole imprese potranno beneficiare di esenzioni. Le regioni variano e possono dipendere dalle industrie locali.

31. **Effettuare un controllo sulla responsabilità tariffaria dell'acqua e contestare eventuali tasse sull'acqua.**

Avere un audit identificherà se la responsabilità della tariffa idrica è elevata. Alcune autorità applicano una tariffa per utilizzo o una tariffa fissa. Calcolare l'opzione migliore in base ai livelli di utilizzo ti aiuterà a ridurre i costi.

32. **Comprendi i costi del servizio e cosa è incluso.**

I costi di servizio possono includere qualsiasi cosa, dalla fornitura dei servizi di accoglienza alla pulizia e al set per la preparazione del caffè, fino alla pulizia o, se sei fortunato, all'accesso gratuito alla palestra in loco. Analizzandolo, ti dà un quadro più chiaro di ciò che potresti pagare due volte, o anche di cosa potresti probabilmente fare a meno.

33. Negoziare una riduzione del costo del servizio.

Negoziare una riduzione del costo del servizio laddove i servizi non sono necessari o laddove il costo del servizio non offre il miglior valore per ciascun servizio fornito.

Ad esempio, possono offrire servizi di risposta alle chiamate che costano il doppio rispetto all'utilizzo di una società di gestione delle chiamate in outsourcing. Se ricevi solo una o due chiamate alla settimana, perché non dirottarle semplicemente sul tuo cellulare?

34. Convertire un edificio solo dopo aver valutato i costi del ciclo di vita.
Se si converte un edificio esistente per cambiarne la destinazione d'uso, valutare il ciclo di vita e i costi di conversione rispetto a quelli di un edificio già progettato per quello scopo.

È importante capire quanti anni ci vorranno per recuperare il costo di conversione. Tenendo in considerazione anche il valore di rivendita di mercato dell'edificio appena ristrutturato.

35. Evitare problemi per ridurre eventuali compensi professionali.

La scelta di non causare motivo di discussione con il proprietario o con le imprese vicine eliminerà qualsiasi necessità di incaricare consulenti professionali come gli avvocati. La corretta manutenzione di un edificio eviterà anche interferenze da parte del proprietario o del suo agente.

36. Ridurre la responsabilità fiscale sulla proprietà scegliendo la struttura corretta. Un'opzione potrebbe essere quella di costituire un'entità legale al solo scopo di possedere la proprietà, per poi affittarla all'azienda, mantenendo così l'attività principale separata dalle passività fiscali derivanti dalla proprietà della proprietà.

37. Considera il rifinanziamento se una proprietà è di proprietà.

Un buon broker finanziario può consigliarti quando è il momento giusto per rifinanziare. Una mossa del genere potrebbe anche liberare ulteriore capitale proprio accumulato da eventuali aumenti di valore. È importante essere consapevoli delle implicazioni fiscali quando si esegue questa operazione.

38. Consolidare le operazioni remote.

Se operi da più di un sito, valuta la possibilità di consolidare alcune operazioni per aumentare l'efficienza.

Potresti quindi eventualmente aumentare la dimensione di una proprietà riducendo significativamente la dimensione di altre proprietà. Il costo per metro quadrato di spazio è spesso più economico per un edificio più grande che per uno più piccolo.

39. Esternalizzare le "funzioni non fondamentali" per ridurre la domanda di spazio.

Se la tua attività è un ristorante, la funzione principale dell'attività è fornire cibo ai clienti. Se devi assumere personale per fare qualcosa di diverso dalla preparazione e dal servizio del cibo, queste sono considerate funzioni non essenziali e possono distrarre l'azienda dalla fornitura del proprio servizio.

Tali funzioni non fondamentali potrebbero includere il reclutamento del personale, il libro paga, la contabilità, il marketing, la prenotazione dei tavoli, la gestione della proprietà, la pulizia, la risposta alle chiamate, ecc.

Negli edifici più grandi, potrebbe essere necessaria una presenza a tempo pieno per alcune di queste funzioni, come quella di un addetto alle pulizie, ma l'esternalizzazione di questo ruolo elimina la necessità di gestire quel ruolo o individuo.

Tale gestione o supervisione distrarrà l'azienda e il suo personale dal servire i propri clienti e, a seconda della funzione, potrebbe richiedere un livello di formazione o competenza da parte dei manager aziendali per gestire adeguatamente tale funzione.

40. **Condividi la domanda di prodotti, servizi e spazio con gli altri intorno a te.**
La collaborazione con aziende simili può aiutare a ridurre il costo di particolari prodotti o servizi. Ad esempio, consideriamo gli ultimi sviluppi immobiliari di grattacieli costruiti negli ultimi due anni.

Piuttosto che un edificio costruito da una società, ad esempio un hotel, ora è molto più comune costruire un edificio più grande e dividerlo in spazio alberghiero, spazio ufficio, spazio palestra, spazio residenziale, spazio ristorante e persino spazio commerciale. spazio.

Non abbiamo bisogno di guardare i grattacieli di 110 piani per vederne esempi; possiamo vederlo nella maggior parte dei nuovi sviluppi in qualsiasi città. Potrebbe essere alto solo 6 o 8 piani, ma comprenderà comunque spazi alberghieri, spazi commerciali al piano terra e uffici nello spazio rimanente.

In questo modo, gli occupanti dell'edificio ottengono i vantaggi di trovarsi in un luogo simile insieme ad altre aziende, ma possono condividere i costi dell'edificio come la manutenzione del terreno, la sicurezza, l'infrastruttura IT, i servizi di reception, la pulizia, la gestione delle strutture, fino all'acquisto in grandi quantità di rotoli di carta igienica per l'edificio, semplicemente aggiungendo un piano in più o estendendo leggermente la superficie.

41. **Condividi i sistemi critici con aziende simili.** Mettere in atto sistemi e infrastrutture critici può essere estremamente costoso per qualsiasi azienda che opera individualmente. Lavorando con altre aziende, ciascuna può trarre vantaggio dalla struttura portante dei sistemi, avendo ciascuna solo un costo molto inferiore per la personalizzazione dei sistemi.

Un buon esempio di ciò può essere visto con il "cloud storage". Solo pochi anni fa, un'azienda avrebbe dovuto investire nei propri server IT e nel proprio software personalizzato. Gestire un'impresa era costoso.

Quando i servizi cloud sono diventati online, la dorsale principale è stata fornita in remoto mentre ciascuna azienda configurava il servizio in base alle proprie esigenze operative. Raggruppando ulteriormente questa domanda si può ancora guadagnare in termini di efficienza.

42. Raccogliere le forniture immobiliari con altri acquirenti.

Confrontando la domanda di forniture immobiliari, invece di acquistare 20 rotoli di carta igienica al mese, il potere d'acquisto combinato potrebbe essere di 20.000 rotoli di carta igienica al mese. Ciò significa che puoi ottenere un potere d'acquisto sufficiente per negoziare direttamente con il produttore anziché acquistare al dettaglio o addirittura all'ingrosso.

Questo è effettivamente il modo in cui funziona il mercato all'ingrosso. I suoi clienti sono un gruppo di aziende simili e come tali possono negoziare sconti maggiori in base alle abitudini di acquisto dei propri clienti.

43. **Raccogliere i requisiti di spazio.**

Riunirsi con gli altri apre una strada per condividere lo spazio con loro. Ad esempio, immaginiamo che ci siano cinque imprese locali, tre hanno bisogno di spazio a breve termine, mentre le altre due hanno spazio disponibile grazie alla promozione di un nuovo piano di lavoro a distanza per il proprio personale. C'è anche un centro comunitario locale che dispone di spazi per uffici ma non viene quasi mai utilizzato.

Riunendosi, tutto questo spazio può essere utilizzato come se fosse un'unica grande azienda, in cui ciascuno paga/viene pagato solo per lo spazio utilizzato mentre ciascuno raggiunge il massimo utilizzo dello spazio.

44. Assumi un buon avvocato immobiliare.

Un buon avvocato specializzato in diritto immobiliare metterà alla prova la "ragionevolezza" del contratto di locazione e potrà battersi per un contratto di locazione più giusto, più favorevole e più favorevole all'inquilino.

45. Ridurre i premi assicurativi aumentando la franchigia.

Aumentare la franchigia su qualsiasi polizza può ridurre i premi assicurativi, soprattutto nelle imprese a rischio più elevato o nelle imprese più nuove.

46. Non sopravvalutare l'assicurazione.

Ottieni una valutazione aggiornata per evitare una sopravvalutazione o una sottovalutazione critica.

47. Assicurare solo per la ricostruzione.

Acquistando un'assicurazione immobiliare è necessario assicurare solo i costi di ristrutturazione, che dovrebbero essere molto inferiori al valore di mercato effettivo.

48. Paga il premio assicurativo in anticipo.
Verifica con il tuo assicuratore se è possibile risparmiare denaro pagando in anticipo e se il flusso di cassa lo consente, fallo.
Assicurati in tal modo che, se in seguito avrai bisogno di apportare modifiche alla polizza, non sarai colpito da costi aggiuntivi.

49. Evitare costi assicurativi sempre più alti, cercare di evitare sinistri se possibile.
Aumentare la franchigia può scoraggiare la presentazione di richieste di risarcimento per importi insignificanti, poiché il costo delle riparazioni sarà probabilmente sostanzialmente inferiore alla franchigia.

50. Scansiona tutti i documenti sul cloud.

Invece di archiviare file pieni di vecchie fatture e note spese, scansionali tutti nel tuo archivio cloud, eliminando tutte le copie cartacee e risparmiando sui costi di archiviazione. Per risparmiare ulteriormente, invece di scansionare i documenti e archiviarli nell'unità cloud aziendale principale, perché non utilizzare uno dei servizi cloud gratuiti, quindi condividere l'accesso all'unità con chiunque in azienda potrebbe averne bisogno

PARTE 2:

Mantenere la tua proprietà

51. **Ridurre i costi di degrado del settore immobiliare.**
Ciò può essere ottenuto disponendo di un programma di manutenzione preventiva per tutti i servizi dell'edificio e il tessuto edilizio.

52. **Mantieni la tua proprietà in buono stato.**

In base a un contratto di locazione e alle norme in materia di salute e sicurezza, è tua responsabilità mantenere adeguatamente i tuoi locali. Un piano di manutenzione pianificata e preventiva può essere eseguito a costi minimi per l'azienda. Rappresenta anche un'immagine molto migliore per i clienti e il personale.

I proprietari e le autorità governative hanno il diritto di emettere un programma provvisorio di riparazione, insieme a eventuali sanzioni.

In caso di infortuni le sanzioni possono arrivare anche a pene detentive per l'imprenditore e per i dirigenti. Le compagnie di assicurazione insistono anche nel mantenere l'edificio adeguatamente mantenuto e rifiuteranno una richiesta di risarcimento se non dispone di prove documentate dell'esecuzione della manutenzione e di un piano di manutenzione attuale in atto.

53. **Utilizzare il software per controllare i problemi di manutenzione della proprietà.** L'utilizzo di un pacchetto software professionale per segnalare, monitorare e gestire eventuali problemi di manutenzione libera la memoria per concentrarsi sulla gestione dell'attività anziché monitorare l'arrivo di un appaltatore per risolvere eventuali problemi. Attualmente sono disponibili numerosi pacchetti gratuiti o a basso costo.

54. **Utilizzare un registro delle risorse con un registro cronologico.** Utilizzando un registro delle risorse con un registro cronologico documentato, è possibile registrare la cronologia degli articoli e identificare come è stato mantenuto l'articolo, quando è stato

ispezionato l'ultima volta e quando è stato sostituito l'ultima volta.

Un buon registro cronologico dovrebbe anche consentire di collegare determinati documenti agli articoli, come fatture dell'appaltatore o copie dei certificati di garanzia.

55. Raccogliere la domanda di servizi immobiliari con altre imprese.
Per ridurre i costi amministrativi e di gestione, molti fornitori di servizi spesso si concentrano solo sui clienti più grandi. Questo perché per gestire e fatturare un cliente con una proprietà sono necessarie le stesse risorse di un cliente con 50 proprietà.

Se devono gestire 50 clienti individualmente, si tratta di 50 punti di contatto, 50 contratti, 50 gare d'appalto, 50 ordini d'acquisto, 50 fatture, ecc. Unendosi ad altri, l'appaltatore è motivato a fornire servizi più economici poiché ha ridotto i costi amministrativi.

56. Scegli un geometra esperto.

Prima di stipulare un contratto di locazione, chiedi a un perito immobiliare esperto di eseguire una valutazione della responsabilità per deterioramenti e di preparare un accurato programma delle condizioni, comprese foto dettagliate dello stato dell'edificio, ove richiesto.

57. Tieniti aggiornato su eventuali problemi di manutenzione.

Il modo più semplice per farlo è avere un piano di manutenzione fisso in atto fin dal primo giorno, il che significa che puoi praticamente dimenticartene e concentrare la tua attenzione sul business. Ciò rende anche molto più semplice stabilire il budget per i problemi di manutenzione durante l'anno.

58. Trova un buon esperto di deterioramenti.
Durante o alla fine del contratto di locazione, trova un buon esperto di dilapidazioni per aiutarti a contestare e ridurre qualsiasi richiesta di dilapidazione.

59. Migliora il tuo sistema antincendio.
Ridurre l'assicurazione sulla proprietà assicurandosi che disponga di un adeguato sistema di protezione antincendio in atto e regolarmente sottoposto a manutenzione.

60. Riduci i premi assicurativi installando un allarme antintrusione NACOSS/NSI.
La maggior parte degli assicuratori insiste affinché questo sia un requisito fondamentale della polizza e spesso rifiuta qualsiasi richiesta di risarcimento nel caso in

cui non sia presente o senza un piano di manutenzione attivo in atto.

61. Installare porte, finestre e serrature approvate dall'assicurazione.
Assicurarsi che porte, finestre e serrature siano approvate dall'assicurazione e siano ben mantenute con un piano di manutenzione in atto.

62. Installare una cassaforte approvata dall'assicurazione nei locali.
Laddove nei locali siano conservati oggetti di valore superiore o contanti, ciò potrebbe costituire un requisito obbligatorio da parte della compagnia assicurativa, ma laddove non obbligatorio, dovrebbe contribuire a ridurre i premi e in ogni caso è buona pratica proteggere l'azienda da furti, incendi e rischio di alluvioni.

63. Utilizzare telecamere a circuito chiuso approvate dall'assicurazione.

Installare un sistema CCTV approvato dalle assicurazioni, monitorato e gestito in remoto da una società di sorveglianza approvata da NSI/SIA.

64. Chiedere al personale di verificare i precedenti penali.

Far controllare tutti i titolari delle chiavi dei locali e tutto il personale CRB e avvisare gli assicuratori di questo processo.

Assicurarsi che questo processo sia chiaramente documentato con certificati archiviati in modo sicuro per essere utilizzati successivamente in caso di reclamo.

65. Ispeziona e taglia regolarmente eventuali alberi o cespugli.

Ciò ha molteplici vantaggi. Ridurrà i costi di manutenzione nella raccolta dei rami morti. Inoltre, se un albero dovesse danneggiare la proprietà, aumenterebbe i premi assicurativi in futuro e potrebbe anche danneggiare gravemente le operazioni aziendali.

Infine, la maggior parte degli assicuratori richiede che ciò avvenga per ridurre le aree di mimetizzazione per eventuali potenziali criminali.
Molte compagnie assicurative hanno iniziato a rifiutare la copertura nel caso in cui sia presente un albero entro una determinata distanza dall'edificio.

66. Ispezionare regolarmente l'isolamento di tutti i tubi dell'acqua/serbatoi dell'acqua.

Assicurandosi che le tubazioni e i serbatoi siano adeguatamente isolati si eviterà il rischio di scoppiare tubi o serbatoi dell'acqua in caso di condizioni di gelo. Si consiglia di verificare l'isolamento all'inizio e alla fine della stagione invernale.

67. Usa inibitori chimici nel tuo sistema di riscaldamento.

Il loro utilizzo impedirà l'accumulo di depositi di corrosione e potrebbe migliorare l'efficienza del sistema di riscaldamento fino al 15%. Può aumentare l'efficienza della caldaia di circa il 4%-5%.

68. Acquistare attrezzature e servizi di manutenzione in base ai costi del ciclo di vita.

Molte aziende acquisteranno un prodotto o un servizio in base ai costi iniziali, ma questa opzione può comportare costi più elevati in seguito.

Molti di noi hanno acquistato un apparecchio elettrico, solo per poi rompersi 2 mesi dopo la sua garanzia. Lo stesso vale nel mondo degli affari.

Alcuni aspetti da considerare sono i costi effettivi del ciclo di vita, la durata della garanzia, i costi sostenuti durante tale periodo, cosa accade al di fuori di tale periodo, il costo delle riparazioni, i costi di manutenzione per ciascuna opzione e i costi di gestione. Potrebbero esserci due opzioni identiche in base al prezzo, ma se una costa il doppio dei costi di manutenzione e dei costi di gestione complessivi, comporta un costo del ciclo di vita sostanzialmente più elevato.

69. **Acquista un piano di manutenzione preventiva per ciascun tipo di servizio.** Pagare un piccolo anticipo per la corretta manutenzione delle apparecchiature ora garantirà che le apparecchiature durino più a lungo e ridurrà la necessità di manutenzione reattiva o di sostituzione del capitale.

È stato dimostrato che le apparecchiature durano 10 volte di più e la manutenzione reattiva è stata quasi completamente eliminata quando è stato implementato un piano di manutenzione preventiva.
Sebbene sia previsto un costo iniziale da pagare, i costi complessivi su un periodo di 10 anni possono far risparmiare fino al 70% rispetto all'assenza di un piano di manutenzione preventiva.

Oltre al risparmio diretto sui costi, è stato dimostrato che riduce anche i tempi di inattività di un'azienda, può migliorare la reputazione del marchio per il personale e i clienti, riduce i tempi di gestione nell'affrontare i problemi e può anche migliorare il flusso di cassa senza la necessità di effettuare sostituzioni di capitale di attrezzature in tempi imprevisti.

Ad esempio, se un'azienda avesse un guasto alla caldaia, dovrebbe chiudere l'attività fino a quando non verrà trovata una caldaia sostitutiva. Questa sostituzione potrebbe significare che l'azienda dovrà trovare qualcosa da $ 10.000 a $ 500.000 per una nuova caldaia sostitutiva. Aggiungilo alle entrate perse mentre l'azienda non è in attività e il costo potrebbe facilmente raddoppiare. Alcune aziende non sarebbero in grado di riavviarsi dopo aver subito un duro colpo al loro flusso di cassa.

Anche una richiesta di risarcimento assicurativo sarebbe inutile, poiché tutte le compagnie di assicurazione insistono per avere l'attrezzatura adeguatamente mantenuta con un programma di manutenzione continuo e documentato per tutta la vita dell'attrezzatura.

PARTE 3: Energia

70. Effettua un audit energetico del tuo immobile.

Effettuando un audit energetico della proprietà, identificherai eventuali punti deboli nell'efficienza energetica dei locali e darai priorità alle aree per risparmiare energia.

71. Isolare serbatoi e tubazioni.

Isolare il serbatoio dell'acqua e le tubazioni può ridurre significativamente i costi energetici. Ad esempio, una normale giacca da serbatoio di taglia domestica costa circa 15 dollari, ma farà risparmiare 45 dollari all'anno sulla bolletta energetica.

Allo stesso modo, un investimento di circa 10 dollari nell'isolamento delle tubazioni può generare un risparmio di circa 15 dollari all'anno.

72. Sostituisci le vecchie caldaie con nuove caldaie ad alta efficienza energetica.

La maggior parte delle caldaie di età superiore a dieci anni può funzionare con un'efficienza compresa tra il 45% e l'85%. Ciò significa che per ogni 1000 unità di energia che la caldaia produce, ne produce solo 450, ovvero il 45%, mentre il resto viene perso per inefficienze e per l'ambiente. La maggior parte delle nuove caldaie funziona con un'efficienza del 95% o superiore, mentre le caldaie su scala più grande funzionano con un'efficienza molto più vicina al 100%.

73. **Isolare le aree del soppalco e gli spazi vuoti del soffitto.**

Circa il 25% dell'aria riscaldata/raffreddata viene dispersa attraverso le aree del sottotetto non isolate e gli spazi vuoti del soffitto.

Sebbene molti locali dispongano già di un isolamento, la maggior parte dovrebbe migliorarlo poiché si raccomanda che vi sia un isolamento minimo di 300 mm. A meno che non sia stato costruito negli ultimi anni, l'edificio avrà probabilmente meno di 100 mm.

74. **Installare l'isolamento della parete.**

Oltre alle aree del sottotetto e del tetto, l'aria riscaldata/raffreddata viene dispersa anche attraverso le pareti. Ciò può rappresentare fino al 66% della perdita di calore totale. Le opzioni possono variare dall'isolamento delle pareti a intercapedine ai pannelli isolanti interni ed esterni.

75. Migliora le unità vetrate.

Aggiorna tutti i vetri dell'edificio con tripli vetri di classe A sulle finestre rivolte a nord e doppi vetri di classe A sulle finestre rivolte a sud.

76. Verificare la presenza di spazi vuoti o guarnizioni rotte nelle unità vetrate.

Controllare finestre, porte e pannelli vetrati per eventuali spazi vuoti o guarnizioni rotte. Controllare le unità vetrate per individuare eventuali spifferi o spazi tra il vetro e il telaio superiori a 1 mm può aiutare a individuare le aree di perdita di calore e intervenire in queste aree può ridurre la perdita di energia.

77. Tenere le finestre chiuse quando si utilizzano apparecchiature di riscaldamento o raffreddamento.

Anche se sembra ovvio, molte persone aprono una finestra quando sentono che fa troppo caldo mentre il sistema di riscaldamento è ancora in funzione. Ciò può verificarsi soprattutto negli edifici più grandi in cui lavorano più di due o tre dipendenti.

78. Tenere le porte chiuse quando si utilizzano apparecchiature di riscaldamento o raffreddamento.

Tenendo le porte chiuse, l'aria condizionata può accumularsi molto più velocemente all'interno di uno spazio particolare. Se le porte sono aperte, l'aria riscaldata si dissiperà nei corridoi e nelle stanze adiacenti, impiegando molto più tempo per riscaldare lo spazio desiderato.

79. Installare strisce antivento intorno alle porte.

Nel corso del tempo, le parti interne di un edificio possono espandersi e contrarsi, a seconda dei livelli di calore e umidità, sia prima che dopo l'installazione. Ciò è particolarmente evidente nei primi due o tre anni. Ciò può significare che si possono formare degli spazi attorno alle porte, lasciando un piccolo spazio per il passaggio dell'aria tra le aree, causando correnti d'aria. Alcune porte più costose sono dotate di listelli paraspifferi integrati nella porta originale. Laddove questo non sia il caso, l'aggiunta di una fascia antivento può essere un modo economico per migliorare l'efficienza energetica di uno spazio.

80. Installa sensori su porte e finestre.

Installare sensori per spegnere automaticamente le apparecchiature di riscaldamento o raffreddamento in caso di apertura di porte o finestre. Avere questi sensori collegati a un allarme può anche aiutare a cambiare il comportamento del personale riguardo al miglioramento dell'efficienza energetica dell'edificio.

81. Installare barriere d'aria.

Installare barriere d'aria sopra le porte esterne per impedire il più possibile all'aria raffreddata/riscaldata di uscire dall'area.

82. Costruisci una lobby separata.

Costruire un'area lobby dove le persone/veicoli entrano nell'edificio, soprattutto dove si svolgono le attività, per impedire la fuoriuscita dell'aria riscaldata/raffreddata.

83. Isolare il pavimento.

Circa il 15% del calore/raffreddamento viene disperso attraverso il pavimento.

L'isolamento di un pavimento può rappresentare un processo molto distruttivo per la tua attività e pertanto dovrebbe essere considerato solo come parte di una ristrutturazione graduale o completa dell'edificio.

84. Installare un sistema di riscaldamento a pavimento.

Questo è il tipo di sistema di riscaldamento più efficiente poiché viene fornito al livello dei piedi e viaggia fino al livello della testa. Inoltre, è equamente distribuito in tutta l'area, a differenza dei sistemi di riscaldamento convenzionali. Può essere controllato per area, ma non è così mirato come collegare un singolo termoventilatore elettrico accanto a un occupante.

Esistono due tipi di sistema di riscaldamento a pavimento: in primo luogo, un sistema a tubazioni e, in secondo luogo, un sistema a tappetini elettrici.

Il sistema del tappetino elettrico è molto più facile da controllare e ha un interruttore di accensione/spegnimento quasi istantaneo, ma è piuttosto costoso in termini di costi di gestione. Il sistema di tubazioni è molto più economico in termini di costi di gestione, utilizzando una rete di tubi che corre attorno alla superficie del pavimento e un generatore di calore centrale che può essere costituito da caldaie a biomassa, a gas, a olio, pompando liquido riscaldato attorno alla rete di tubi fino a quando l'area è fino a la temperatura richiesta.

Il sistema di tubazioni impiega molto più tempo per riscaldarsi/raffreddarsi, ma questo problema può essere risolto incorporando un dispositivo di monitoraggio meteorologico, insieme a una temporizzazione automatizzata basata sui livelli di occupazione nell'edificio.

L'utilizzo di un sistema a pavimento significa anche che le aree delle pareti non vengono occupate da radiatori o condutture.
Questo tipo di intervento è realmente adatto solo per locali sottoposti a ristrutturazione graduale o completa, poiché richiede che gran parte della pavimentazione sia aperta, ma allo stesso tempo può essere collegata all'isolamento della superficie.

85. **Disattiva la modalità di sospensione del PC e di altre apparecchiature elettriche.**
Spegnendo completamente le apparecchiature, un piccolo ufficio di 2-3 persone può risparmiare circa $ 100 all'anno.

86. **Abbassa il termostato del riscaldamento di un grado Celsius.**

Abbassando il termostato del riscaldamento di un solo grado Celsius risparmierai l'8% del consumo di energia per il riscaldamento.

87. Alza il termostato di raffreddamento di 1 gradi Celsius.

Alzando il termostato di un grado Celsius risparmierai l'8% del consumo di energia di raffreddamento.

88. Automatizza tutti i sistemi.

Automatizzando il controllo dei sistemi di riscaldamento e raffreddamento in modo che si accendano appena prima dell'arrivo del personale (se necessario) si risparmia il funzionamento delle apparecchiature quando il personale non è nell'edificio.

89. Rimuovi ogni controllo umano.

Eliminare la possibilità per gli occupanti dell'edificio di regolare la temperatura può aiutarti a mantenere una temperatura uniforme e confortevole per tutti gli occupanti dell'edificio.

Ad esempio, un occupante potrebbe sentire che fa troppo caldo e quindi accendere l'aria condizionata, mentre gli altri occupanti potrebbero trovarlo troppo freddo e quindi accendere il riscaldamento.

Oltre ad avere due sistemi che operano uno contro l'altro, significa anche che entrambi i sistemi devono lavorare molto duramente per riscaldare/raffreddare l'aria pretrattata solo per riportarla allo stato in cui era già. Rimuovendo ogni controllo, si elimina la capacità del personale di farlo.

90. Fornire al personale felpe e giacche di abbigliamento da lavoro firmate.

Ciò migliorerà la presenza del tuo marchio all'esterno, ma significa anche che gli occupanti dell'edificio saranno meno propensi ad accendere il riscaldamento poiché indosseranno felpe e non sentiranno tanto il freddo.

Fornendo al personale delle felpe, potresti abbassare il riscaldamento di 2 o 3 gradi Celsius e loro non se ne accorgeranno, risparmiando quasi il 25% sulla bolletta energetica del riscaldamento. Fare lo stesso per gli spazi climatizzati otterrà lo stesso risultato finale.

91. Sviluppare una cultura del risparmio energetico e un programma di ambasciatori.

Fornire ricompense al miglior individuo o gruppo per le prestazioni. Un tale schema potrebbe essere utilizzato per promuovere le credenziali ambientali della vostra azienda nel mondo esterno e contribuire a rafforzare il vostro marchio presso i clienti esistenti e potenziali.

92. Installare tapparelle alle finestre per evitare il surriscaldamento.

L'installazione di tende, soprattutto sulle finestre esposte a sud, riduce la quantità di calore che entra nell'edificio, che a sua volta riduce la quantità di raffreddamento necessaria.

Questa è una forma aggiuntiva di controllo del riscaldamento/raffreddamento di un edificio.

93. Utilizzare la protezione solare sull'edificio.

L'uso della protezione solare su un edificio riflette la luce solare lontano dalle finestre e può anche migliorare l'aspetto di alcuni edifici.

94. Abbassa la temperatura dell'acqua.

Se la tua azienda utilizza attrezzature per lavanderia, abbassa la temperatura dell'acqua a 30 gradi Celsius anziché a 40 gradi Celsius.

95. Acquista elettrodomestici ad alta efficienza energetica.

La maggior parte degli elettrodomestici ha una classe di efficienza energetica compresa tra A e G. Scegliere quello più efficiente dal punto di vista energetico può costare un po' di più in anticipo, ma può far risparmiare fino a $ 130 all'anno sui costi di gestione.

96. Sostituisci i bagni con le docce.

Se la tua azienda ha l'obbligo di fornire strutture balneari, come un hotel, rimuovi tutte le vasche da bagno e installa invece docce con soffioni a risparmio idrico. Ciò potrebbe farti risparmiare fino a $ 200 all'anno sulle bollette di energia e acqua per bagno.

97. Sostituisci la vecchia illuminazione con una nuova illuminazione a LED.
Sostituisci l'illuminazione alogena, a scarica e fluorescente con l'illuminazione intelligente a LED. Ciò può far risparmiare fino all'87% sui costi di gestione, ha un'aspettativa di vita fino a 25 volte superiore e ha costi di manutenzione praticamente pari a zero.

98. Installa sensori del livello di luce diurna per controllare i livelli di luce.
Ciò significa che se il sole inizia a splendere a mezzogiorno, il sistema di illuminazione si attenua automaticamente, risparmiando così energia.

99. Installa sensori di presenza anziché interruttori della luce.

Questo può essere suddiviso solo per operare su un'area molto piccola e specifica come una scrivania, all'interno di un'area ufficio molto più ampia. Può essere utilizzato per qualsiasi tipo di edificio e non solo per gli uffici.

100. Usa colori vivaci per decorare le superfici.

Ove possibile, decora pareti, pavimenti e soffitti dai colori vivaci utilizzando materiali riflettenti.

101. Ridurre l'altezza del soffitto.

Se l'altezza del soffitto è superiore a 2,4 metri, cercare di ridurla installando un nuovo controsoffitto. Ridurre un soffitto alto 3,5 metri a 2,4 metri può ridurre la domanda di riscaldamento, raffreddamento e illuminazione per quell'area di oltre il 30%.

102. Utilizzare nastro riflettente sul retro dei radiatori.

L'uso del nastro riflettente sul retro dei radiatori riduce la perdita di calore nel muro.

103. Aree di zona dell'edificio per un migliore controllo.

Divisione una superficie in zone localizzate per controllare meglio il sistema di riscaldamento/raffreddamento/illuminazione significa che se viene utilizzata solo una piccola area dei locali, non sarà necessario riscaldare/raffreddare/illuminare l'intera superficie.

104. Installa termostati di zona per ogni zona.

Installare termostati individuali per ogni zona significa che quando un'area più piccola ha la temperatura corretta, la zona si spegne, rendendo l'apparecchiatura molto più efficiente.

105. Installare un serbatoio tampone per ridurre i cicli della caldaia.

L'integrazione di un serbatoio di accumulo/accumulo per lo stoccaggio dell'acqua riscaldata/raffreddata pronta per la circolazione nei locali riduce il ciclo della caldaia e aiuta a mantenerla efficiente. Se si utilizza un serbatoio tampone, assicurarsi che non sia sovradimensionato, poiché un serbatoio sovradimensionato non utilizzerà tutta la sua capacità d'acqua prima che la temperatura dell'acqua venga persa.

106. Genera la tua energia in loco.

Genera la tua energia in loco e rivendi l'energia in eccesso alla rete. Ciò riduce la tua dipendenza dalla compagnia energetica riducendo al contempo i costi energetici.

107. Utilizzare il recupero del calore per ricircolare il calore.

Prelevare l'aria riscaldata da un'area, pulirla e ridistribuirla altrove nei locali può significare un risparmio sulla generazione di calore.

108. Installa pannelli solari fotovoltaici.

Installare pannelli solari fotovoltaici per generare la propria elettricità dal sole significa ottenere elettricità gratuita e l'eventuale elettricità in eccesso può essere rivenduta alla rete.

109. Installa una turbina eolica.

Installare una turbina eolica per generare elettricità dal vento in loco significa poter generare elettricità ogni volta che soffia il vento. L'elettricità in eccesso può essere rivenduta alla rete.

110. Installare un'unità CHP in loco.

L'installazione di un'unità CHP (combinazione di calore ed elettricità) per generare calore/raffreddamento ed energia da gas o combustibile da biomassa può significare costi energetici inferiori e l'energia in eccesso può essere esportata nella rete o venduta agli edifici vicini.

111. **Installa una caldaia a biomassa.**

L'installazione di una caldaia a biomassa per generare calore/raffreddamento che utilizza combustibile da biomassa come pellet, tronchi o trucioli può ridurre significativamente i costi di riscaldamento dei vostri locali.

112. **Installare una pompa di calore ad aria.**

L'installazione di una pompa di calore ad aria per generare calore/raffreddamento dall'aria può ridurre i costi di gestione dei sistemi di riscaldamento/raffreddamento.

113. **Installa una pompa di calore geotermica.**

Installare una pompa di calore geotermica per generare calore/raffreddamento dal suolo. Questo viene fatto sia scavando una grande fossa e seppellendo bobine di tubazioni, sia perforando un grande pozzo nel nucleo terrestre. Questa è un'alternativa alle pompe di calore ad aria.

114. **Installare il riscaldamento solare dell'acqua (solare termico).**

Questo genera acqua calda dal sole. Funziona allo stesso modo del solare fotovoltaico, tranne per il fatto che l'acqua è contenuta in un numero di cilindri all'interno del pannello e convogliata al cilindro di accumulo.

115. **Sostituire eventuali riscaldatori elettrici ad accumulo.**

Sostituire gli accumulatori elettrici con un efficiente sistema di caldaie. A seconda della tariffa, il riscaldamento ad accumulo può essere uno dei tipi di sistemi di riscaldamento più costosi oltre ad essere inefficiente.

116. Cambiare fornitore di energia.
Confrontando e cambiando fornitore di energia puoi risparmiare oltre il 10% sulle bollette energetiche.

117. Paga con addebito diretto.
Chiedi al tuo fornitore di energia se pagare tramite addebito diretto è più economico o quale potrebbe essere l'opzione più economica per risparmiare sulle bollette energetiche.

118. Acquista all'ingrosso la tua energia.

Raggruppati con altri nella tua zona per aumentare il potere d'acquisto e ottenere uno sconto maggiore.

119. Ridurre il consumo di acqua.

Ridurre il consumo di acqua, in particolare di acqua calda, ridurrà le bollette energetiche, sia in termini di riscaldamento dell'acqua ma anche se la proprietà è collegata a un contatore dell'acqua. Ciò ridurrà le unità consumate dalla proprietà, riducendo anche la bolletta complessiva dell'acqua.

120. Eseguire un test di pressione sulla fornitura d'acqua.

L'esecuzione di un test di pressione sulla fornitura d'acqua identificherà eventuali perdite nel sistema. Ciò è particolarmente rilevante tra il contatore esterno e il punto in cui l'acqua entra nell'edificio. Anche una piccola goccia ad ogni collegamento del tubo può comportare, nel tempo, costi aggiuntivi sul costo dell'acqua.

121. Controllare la calibrazione del misuratore.

L'installazione di contatori secondari su tutti i servizi misurati ti consentirà di confrontare la fornitura misurata ufficiale con le tue letture. In alcuni locali sono state riscontrate imprecisioni fino al 40%, il che potrebbe far risparmiare sostanzialmente denaro alla vostra azienda.

122. Utilizzare la caldaia per produrre acqua calda.

Invece di utilizzare resistenze elettriche ad immersione per riscaldare l'acqua, utilizzare la caldaia abbinata ad un accumulatore termico o ad un serbatoio di accumulo.

123. **Sostituisci gli asciugamani con nuove unità ad alta efficienza energetica.**

Installa asciugamani ad alta efficienza energetica al posto dei vecchi asciugamani o degli asciugamani di carta inefficienti.

124. **Passa al digitale ed elimina gli sprechi di carta.**

Eliminare i processi cartacei dall'azienda; utilizzare invece processi basati sull'IT per ridurre gli sprechi derivanti dall'azienda.

125. **Utilizza i sensori di presenza per ridurre l'acqua.**

Utilizzare sensori sui rubinetti, soprattutto nelle aree pubbliche, per evitare che le persone lascino i rubinetti aperti e lo scarico dei WC.

126. Non riscaldare l'acqua quando l'edificio non è occupato.

È possibile ottenere risparmi installando un sistema di controllo automatizzato o adottando misure molto semplici come l'installazione di un orologio.

127. Montare regolatori di flusso sulle docce per ridurre l'acqua.

Anche se questa operazione non dovrebbe essere eseguita sulle docce elettriche, un regolatore di flusso ridurrà la quantità di acqua utilizzata.

128. Sostituisci le unità doccia elettriche con le unità doccia con miscelatore convenzionale.

Sostituendo le docce elettriche con unità miscelatrici, significa che un efficiente sistema di caldaia può generare il calore anziché utilizzare una doccia elettrica di alta qualità per generarlo.

Una doccia elettrica può utilizzare fino a 40 volte più energia per riscaldare l'acqua, rispetto a quella di una caldaia che genera acqua riscaldata con efficienza e scala molto maggiori.

129. Acquista i prodotti consigliati da Waterwise.

Acquista solo prodotti per l'efficienza idrica contrassegnati dal segno di spunta consigliato da Waterwise.

130. Educare il personale.

Istruire il personale e i clienti sul modo migliore per essere efficienti dal punto di vista energetico e idrico. Educandoli su come utilizzare al meglio l'energia, possono prendere ciò che hanno imparato e usarlo anche nel loro ambiente domestico, il che significa che inizia a diventare un'abitudine e uno stile di vita per loro, cementando così il processo nella loro mente.

131. Riparare i rubinetti che gocciolano il più rapidamente possibile.

Un rubinetto che gocciola può sprecare 5.500 litri d'acqua in un anno. La sostituzione di una lavatrice richiede solo pochi minuti. Vale la pena risparmiare così tanta acqua?

132. Riempi frigoriferi e congelatori.

Se hai spazio vuoto, usa giornali accartocciati o contenitori di plastica sigillati per riempire il vuoto d'aria. Meno spazio disponibile significa meno spazio da raffreddare.

133. **Pulisci le guarnizioni delle porte del frigorifero e del congelatore.**

Pulire regolarmente le guarnizioni delle porte del frigorifero e del congelatore e controllare che non siano strappate o mancanti significa che il frigorifero o il congelatore non devono lavorare più duramente del necessario.

134. **Tenere i liquidi refrigerati coperti.**

Sigillando o coprendo eventuali liquidi nel frigorifero o nel congelatore, l'unità non deve lavorare così duramente. I vapori emessi dal liquido fanno sì che l'unità lavori di più per raffreddare lo spazio.

135. **Far funzionare le unità refrigerate alla loro temperatura ottimale.**

Garantire che le unità funzionino alla loro temperatura ottimale può aiutare a risparmiare denaro sui costi di gestione, poiché non devono lavorare più duramente del necessario. La temperatura ottimale del frigorifero è compresa tra 3 e 5 gradi Celsius (37 - 41 Fahrenheit). Per un congelatore, questo è meno 18 gradi Celsius (-0,4 Fahrenheit).

136. Installa chiudiporta automatici sulle porte di frigoriferi e congelatori.
L'installazione di un chiudiporta automatico e/o di un sistema di allarme sulla porta si chiuderà automaticamente o emetterà un segnale acustico per avvisare il personale che la porta è stata lasciata aperta.

137. Riporre nel frigorifero solo cibi freschi.
Lasciare raffreddare il cibo prima di riporlo nel frigorifero significa che l'unità frigorifero

non dovrà lavorare tanto per raffreddare il cibo. Il cibo caldo può causare il riscaldamento dell'intera area. Questo è soggetto a precauzioni igieniche.

138. Mantieni correttamente le tue unità frigo/congelatore.

Un frigorifero/congelatore ben mantenuto può ridurre il consumo energetico delle unità del 30%.

139. Ridurre la temperatura ambiente installando un'illuminazione a LED.

Montare l'illuminazione a LED per ridurre le temperature e la necessità di raffreddamento. Molti tipi di illuminazione tradizionali creano grandi quantità di calore, tanto che è impossibile toccare una di queste unità senza subire ustioni alla pelle. Un'unità luminosa a LED non crea calore durante il funzionamento.

140. Ridurre la temperatura ambiente rimuovendo le apparecchiature IT.
Sbarazzarsi delle apparecchiature IT come server e unità desktop da un'area per ridurre i requisiti di raffreddamento.

141. Rimuovere i caricabatterie del telefono dall'uso.
Scollega i caricabatterie del telefono e altri trasformatori come gli alimentatori quando non sono in uso.

142. Ridurre l'ebollizione non necessaria.
Fai bollire solo l'acqua necessaria per preparare bevande calde. Un esempio di ciò può essere la sostituzione di grandi caldaie e urne elettriche con bollitori localizzati nelle aree mensa.

143. Di notte chiudi le persiane.

Chiudi le persiane di notte per evitare che il calore accumulato durante il giorno si disperda durante i mesi più freddi. Migliora anche la sicurezza dell'edificio.

144. Aggiorna le vecchie apparecchiature.

Aggiorna e sostituisci qualsiasi apparecchiatura che consuma energia che abbia più di 10 anni, poiché l'efficienza energetica si riduce nel tempo o le apparecchiature impiegano semplicemente più tempo per ottenere lo stesso rendimento, consumando quindi più energia per ottenere lo stesso risultato.

145. Pulire regolarmente le finestre.

Pulisci regolarmente le finestre e i lucernari per aumentare la luce naturale che entra nell'edificio e ridurre l'illuminazione necessaria.

146. Rimuovere la segnaletica dalle finestre.

Rimuovere qualsiasi segnaletica o decorazione da finestre e porte per aumentare la luce naturale che entra nell'edificio.

147. Pulisci i diffusori, i riflettori e i paralumi dell'illuminazione.

La pulizia di diffusori, riflettori e paralumi aiuta ad aumentare l'emissione luminosa di ciascuna unità.

148. Installa tende orizzontali.

Usa tende orizzontali che inclinano la luce verso il soffitto invece di usare tende oscuranti.

Riflettendo la luce verso un soffitto bianco riflettente, questo agisce naturalmente come un'ulteriore fonte di luce nella stanza.

149. Installare controllori programmabili.
Installare controllori programmabili per sette giorni su eventuali ventilatori di ventilazione meccanica per impedirne il funzionamento quando l'edificio non è occupato.

150. Ripristinare i termostati antigelo.
Ripristinare eventuali termostati di protezione antigelo per assicurarsi che non siano impostati su un valore troppo alto.

151. Non utilizzare contemporaneamente apparecchiature di riscaldamento e raffreddamento.

Questo può essere fatto installando un sistema di gestione che isolerà un'unità rispetto a un'altra.

Idealmente entrambi i sistemi non sarebbero in grado di funzionare nello stesso periodo, ad esempio non funzionare entro le stesse 12 ore, a meno che non si tratti di operazioni di emergenza.

152. Tenere le porte di accesso dei veicoli chiuse il più possibile.

L'installazione di allarmi sulle porte di accesso funge da deterrente per il personale ad aprirle e a chiuderle subito dopo.

153. Spegnere le resistenze elettriche se la caldaia è in funzione.

Un riscaldatore ad immersione può consumare 16 volte più energia per riscaldare l'acqua rispetto all'utilizzo di una caldaia. La maggior parte delle persone non si rende conto che un riscaldatore ad immersione è acceso e riscalda l'acqua, quando una caldaia l'ha già preriscaldata.

154. **Ridurre l'eccessivo accumulo di acqua riscaldata in condizioni di bassa domanda.** Se si utilizza un serbatoio di accumulo, assicurarsi che non sia sovradimensionato, poiché non sarà in grado di utilizzare tutto il calore generato. Di conseguenza, sarà stato riscaldato senza motivo.

155. **Montare ventilatori di circolazione per migliorare la circolazione dell'aria.** Installare ventilatori di circolazione nei soffitti alti e nelle aree alte (ad esempio, in un ambiente di magazzino) per impedire al calore di accumularsi nelle tasche ad alto livello del sottotetto.

156. Implementare una regolare manutenzione del servizio per le apparecchiature di riscaldamento.

Avere un piano di manutenzione regolare sugli impianti di riscaldamento può far risparmiare oltre il 10% sui costi di riscaldamento.

157. Installare la sequenza delle caldaie.

Se si utilizzano più caldaie, installare i controlli di sequenziamento delle caldaie.

158. Sostituisci la vecchia attrezzatura della caldaia.

Se le caldaie hanno più di 10 anni, valuta la possibilità di sostituirle con caldaie più efficienti. Quando si prende in considerazione una caldaia sostitutiva alternativa, è necessario considerare il costo totale del ciclo di vita di ciascuna opzione, compresi i costi di manutenzione, i probabili costi futuri del carburante, l'aspettativa di vita, il costo del capitale, ecc.

159. Regolare le impostazioni dell'orologio.
Controllare che le impostazioni dell'orologio della caldaia siano corrette o modificarle se necessario per evitare il funzionamento fuori orario. Molte volte un membro del personale, invece di controllare che l'orologio sia impostato correttamente, semplicemente "farà avanzare" la caldaia in modo che si accenda in modalità manuale. Ciò significa che la caldaia potrebbe finire per funzionare 24 ore al giorno

160. Utilizzare sensori di presenza per i ventilatori di estrazione.
Installare controlli orari con sensori di presenza sui ventilatori di estrazione locali.

161. Pulire le griglie e le condutture delle ventole per garantire che funzionino in modo efficiente.

È un requisito obbligatorio che le condutture vengano pulite internamente regolarmente, ma molti non si rendono conto che può migliorare l'aspirazione, il che migliora anche l'efficienza del sistema poiché non deve lavorare così a lungo per estrarre lo stesso volume di acqua. aria.

162. Utilizzare i riscaldatori ad immersione solo in situazioni di emergenza.

Lo spegnimento dei riscaldatori ad immersione può impedirne l'uso accidentale quando la caldaia sta già riscaldando l'acqua.

163. Controlla meglio l'illuminazione esterna.

Predisposto cronometri, abbinati a sensori a fotocellula, per il controllo dell'illuminazione esterna.

164. Sostituisci le vecchie unità ventilatore con nuove.

Sostituire eventuali vecchie unità di ventilazione inefficienti con unità ad alta efficienza, incorporando azionamenti a velocità variabile ove appropriato.

165. Rimuovere l'aria calda con il sistema di ventilazione.

Invece di utilizzare l'aria condizionata per raffreddare un edificio, utilizzare il sistema di ventilazione per rimuovere l'aria calda durante la notte, riducendo così la richiesta di aria condizionata il giorno successivo.

166. Smettere di utilizzare le unità di condizionamento d'aria sotto i 24 gradi Celsius.

Regolare i setpoint della temperatura in modo che l'aria condizionata non funzioni sotto i 24 gradi Celsius (75 Fahrenheit) se non per un requisito di processo specifico.

167. Aumentare la circolazione dell'aria.

Aumentare il ricircolo dell'aria quando si utilizza l'aria condizionata per ridurre la domanda sul sistema.

168. Utilizzare la pellicola solare per ridurre il calore.

Utilizzare la pellicola solare sulle finestre esposte a sud per ridurre il surriscaldamento in estate e ridurre la domanda di aria condizionata.

169. Utilizzare la ventilazione naturale per rinfrescare un edificio.

Utilizzare la ventilazione incrociata naturale per rinfrescare un edificio anziché l'aria condizionata.

170. Usa i chiudiporta per separare le aree.

Installare chiudiporta automatici in spazi separati in cui viene utilizzata l'aria condizionata/riscaldamento all'interno di tale area e per impedire che l'aria trattata fuoriesca verso altre aree.

171. Eseguire la manutenzione preventiva delle apparecchiature di climatizzazione.

La manutenzione preventiva riduce i tempi di inattività, può ridurre i costi fino al 30% e migliora l'aspettativa di vita delle apparecchiature.

172. Sostituisci i motori e gli azionamenti più vecchi con unità ad alta efficienza.

I vecchi motori possono essere molto inefficienti. Man mano che invecchiano, aumentano le inefficienze e gestirle costa di più. Sostituirli con nuove unità ad alta efficienza.

173. Eseguire l'imaging termico sulle apparecchiature.

Eseguire ispezioni termografiche sulle apparecchiature per valutare l'intensità del loro lavoro. Valutare i motivi per cui tali apparecchiature lavorano più duramente di altre e correggerle ove possibile.

Aggiorna qualsiasi attrezzatura identificata che non può essere corretta. Spesso le apparecchiature più vecchie dovranno lavorare di più per generare lo stesso livello di output, il che significa che utilizzano più energia per creare tale output.

174. Rimuovere tutta l'attrezzatura inutilizzata.

Rimuovere/isolare qualsiasi attrezzatura che non svolge più un lavoro utile.

175. Sostituire i motori sovradimensionati.

Sostituire i motori sovradimensionati con motori ad alta efficienza di dimensioni corrette. Alcuni motori sono stati precedentemente installati come unità sovradimensionate, nella falsa convinzione che se non avessero dovuto lavorare così duramente, avrebbero utilizzato meno energia. Con i più recenti motori ad alta efficienza, i motori possono essere dimensionati per il carico che azionano e utilizzano comunque molta meno energia rispetto alle alternative precedenti.

176. Sostituire le cinghie di trasmissione e le pulegge usurate sui motori.

I motori che lavorano di più utilizzano più energia per svolgere lo stesso lavoro.

177. Installare unità di ottimizzazione della tensione.

Prendi in considerazione l'installazione di unità di ottimizzazione della tensione per migliorare le prestazioni del motore poiché l'elettricità fornita al motore viene mantenuta costante, il che significa che il motore non deve lavorare di più a causa delle fluttuazioni.

178. Mantenere correttamente i motori e gli azionamenti elettrici.

Una corretta manutenzione dei motori e degli azionamenti elettrici significa tempi di inattività inferiori e un funzionamento più efficiente. Mettere in atto un piano di manutenzione preventiva è un buon modo per raggiungere questo obiettivo.

179. Installa azionamenti a velocità variabile.

Sostituisci i motori a velocità fissa con azionamenti a velocità variabile, in particolare per ventilatori, pompe e compressori d'aria.

180. Installa i controlli dell'edificio.

Ciò può far risparmiare fino al 20% sui costi energetici e migliorare il funzionamento dell'edificio.

181. Controllare regolarmente gli orologi.

Verificare che tutti gli orologi siano impostati sull'ora e sul giorno corretti. Fare un rapido controllo settimanale di questi può aiutarti a risparmiare considerevolmente.

182. Impostare i cicli di accensione/spegnimento corretti.

Verificare che tutti gli orologi abbiano i cicli di accensione/spegnimento impostati corretti.

183. Controllare regolarmente tutti i termostati.

Controllare che tutti i termostati siano impostati sull'impostazione corretta e regolarli se necessario.

184. Verificare che i sensori di presenza siano impostati correttamente.

Se sono installati sensori di presenza, controllarne la sensibilità e il tempo di funzionamento e regolarli ove necessario.

185. Installa sensori di presenza per tutti i servizi.

Se non è già installato un sensore di presenza per controllare un'apparecchiatura, valutare se installarne uno potrebbe ridurre il tempo di funzionamento dell'apparecchiatura.

Ad esempio, se un'apparecchiatura deve funzionare solo in presenza di qualcuno, l'installazione di un sensore di presenza su quell'apparecchiatura consentirà di risparmiare denaro.

186. Incoraggiare il personale a suggerire modi per ridurre l'energia.

Collegarlo a una qualche forma di sistema di ricompensa può aiutare a creare abitudini per la forza lavoro e una missione aziendale incentrata sulla sostenibilità.

187. Montare i timer sugli apparecchi elettrici.

Installare timer settimanali su tutte le apparecchiature, come i distributori automatici, dove vengono lasciati normalmente accesi, in modo che possano essere isolati quando l'edificio non è occupato.

188. Utilizza la funzione di risparmio energetico integrata.

Se l'apparecchiatura dispone di una funzione di risparmio energetico incorporata, configurarla per funzionare

189. Scambia dispositivi separati con dispositivi multifunzione.

Utilizzare dispositivi multifunzione invece di dispositivi separati come singole stampanti e fotocopiatrici; utilizzare un dispositivo centrale multifunzione e multiutente.

Anche se l'efficienza energetica aumenterà con un'unità centrale, la sostituzione delle cartucce d'inchiostro dovrebbe anche essere più economica.

190. **Installa monitor e TV a schermo piatto.**
Sostituisci i vecchi monitor e TV con nuovi modelli a schermo piatto.

191. **Passare alle apparecchiature informatiche portatili.**
Ove possibile, utilizzare laptop o tablet PC anziché desktop. Questi consentono di risparmiare il 90% di energia rispetto ai desktop.

192. **Ridurre il raffreddamento eccessivo di uno spazio refrigerato.**

Non raffreddare eccessivamente le apparecchiature di refrigerazione. Ogni 1°C equivale al 2% del consumo di energia in un sistema efficiente, ma di più in un sistema più vecchio e inefficiente.

193. **Vetrine refrigerate pulite.**

Pulire regolarmente le vetrine refrigerate. In questo modo si rimuove l'accumulo di depositi su prese d'aria e termostati e l'apparecchiatura può continuare a funzionare in modo efficiente.

194. **Utilizzare tende notturne sugli armadi refrigerati.**

Utilizzare tende o coperture notturne ben montate su tutti gli armadi aperti per ridurre il carico di raffreddamento durante le ore non lavorative.

195. Utilizzare un rialzo in vetro sugli armadi refrigerati.

Utilizzare un montante in vetro (piastra di sbarramento) nella parte anteriore delle vetrine per risparmiare ca. 3% sui costi energetici per il funzionamento di ciascun armadio.

196. Ispezionare regolarmente le tubazioni refrigerate.

Controllare le condizioni dell'eventuale isolamento delle tubazioni refrigerate e sostituirlo se necessario.

197. Utilizzare la sequenza dei refrigeratori per controllare più refrigeratori.

Ottimizza la sequenza dei refrigeratori per condividere la domanda di refrigerazione se sono presenti più refrigeratori.

198. **Pianificare le attività di manutenzione preventiva per la refrigerazione.**
Disporre di un adeguato piano di manutenzione preventiva per le apparecchiature di refrigerazione. Ciò può eliminare i tempi di inattività insieme alla perdita di merci deperibili durante i tempi di inattività di un'unità di refrigerazione con scarsa manutenzione.

199. **Valutare da dove fuoriesce il calore dall'edificio.**
Eseguire una valutazione delle immagini termiche sulle facciate esterne di un edificio per determinare dove potrebbe fuoriuscire il calore.

200. Riparare le lacune identificate nel tessuto edilizio.

Riempire o riparare eventuali spazi vuoti nelle pareti per evitare la fuoriuscita dell'aria trattata.

201. Rimuovere l'umidità prima di migliorare l'isolamento.

Correggere eventuali zone di umidità nell'edificio prima di sostituire l'isolamento interessato.

202. Utilizzare sigilli di ancoraggio per lo scarico dei veicoli.

Quando i veicoli vengono scaricati in aree all'interno di un edificio, utilizzare sigilli di ancoraggio attorno alle porte.

203. Sostituisci gli utensili ad aria compressa con quelli elettrici.

Laddove si utilizzino utensili ad aria compressa, valutare se è possibile utilizzare invece utensili elettrici. Gli strumenti pneumatici costano 10 volte di più in termini di energia per il loro funzionamento.

204. Effettuare la corretta manutenzione delle apparecchiature ad aria compressa.

Avere un piano di manutenzione preventiva attivo per gli strumenti e le apparecchiature ad aria compressa.

205. Riparare le perdite della compagnia aerea

Riparare eventuali perdite nelle compagnie aeree il prima possibile. Ogni particella d'aria che fuoriesce dalla compagnia aerea deve essere sostituita dal compressore. Se l'aria non viene utilizzata per il suo scopo, è uno spreco di energia.

206. **Utilizzare la fonte d'aria più fredda possibile per l'ingresso del compressore.** Se posizionato esternamente, posizionare il compressore d'aria sul lato nord dell'area o dell'edificio con ombreggiatura sui lati sud, est e ovest. Riducendo la temperatura dell'aria in ingresso di 6 gradi Celsius è possibile ridurre il consumo energetico del 2%.

207. **Rimuovi le linee inutilizzate.** Rimuovere eventuali linee o uscite dell'aria vecchie o inutilizzate per ridurre il volume d'aria richiesto nel sistema dell'aria.

208. Separare la rete dell'aria compressa in zone.

Montare valvole di isolamento di zona sulle aree dei circuiti dell'aria per ridurre il fabbisogno di aria compressa. Più lunga è la rete aerea, maggiore è la domanda di aria compressa per riempirla.

209. Combina la domanda di calore con altre proprietà locali.

Raggruppandosi con altre proprietà locali, è possibile ottenere efficienze molto maggiori sia in termini di efficienza della caldaia che di costi di capitale. Installando un impianto centralizzato di caldaie e distribuendo il calore misurato in ogni immobile, ogni partecipante paga solo il calore utilizzato.

210. **Raggruppa la tua gestione energetica con altre imprese locali.**

Raggruppando insieme la funzione di gestione dell'energia, il processo può essere eseguito in modo più efficiente, con un risparmio di denaro per tutte le parti.

211. **Raggruppa la tua richiesta di sostenibilità con altre imprese locali.**

Ogni azienda deve migliorare le proprie pratiche di sostenibilità. Lavorare insieme ad altre imprese locali riduce le duplicazioni e i costi così facendo possono essere suddivisi tra più imprese, pur continuando a trarne vantaggio.

Conclusione

Il nostro obiettivo era darti un'idea di come potresti ridurre i costi di gestione del tuo immobile. Non ci aspettiamo che tu sia in grado di svolgere la maggior parte di questo lavoro da solo e ti invitiamo a consultare un professionista con esperienza pertinente per creare un elenco di opportunità praticabili, insieme a qualsiasi rimborso laddove sia necessario un investimento iniziale.

È anche importante dare la priorità alle opportunità in base sia al budget, sia a quelle opportunità con il maggiore impatto o il periodo di recupero dell'investimento più breve.

Circa l'autore

Wayne Fox è un rilanciatore di affari, un rivoluzionario del settore, sviluppatore di proprietà commerciali, futurista, autore di best-seller e investitore. Direttore del gruppo Enyaw, società di investimento con sede nel Regno Unito che investe in *'stile di vita libero'* iniziative. Ha esperienza nel raggiungimento di una crescita dei ricavi a 7 e 8 cifre in precedenti iniziative di PMI.

I miei link online:

Sito web di Wayne Fox: www.wayne-fox.co.uk

Gruppo Enyaw: www.enyawgroup.com

Capitale Enyaw: www.enyawcapital.com

Proprietà Enyaw: www.enyawproperty.co.uk

Linkedin:https://www.linkedin.com/in/waynefoxuk

Twitter: https://twitter.com/WayneFoxUK1

Instagram:https://www.instagram.com/waynefoxuk

Youtube:https://www.youtube.com/@WayneFoxUK

Udemy:https://www.udemy.com/user/wayne-fox-6

www.ingramcontent.com/pod-product-compliance
Lightning Source LLC
Chambersburg PA
CBHW070259230526
45470CB00002B/651